BEI GRIN MACHT SICH IHR WISSEN BEZAHLT

- Wir veröffentlichen Ihre Hausarbeit,
  Bachelor- und Masterarbeit

- Ihr eigenes eBook und Buch -
  weltweit in allen wichtigen Shops

- Verdienen Sie an jedem Verkauf

Jetzt bei www.GRIN.com hochladen und kostenlos publizieren

Eric Schley

Aggression und Gewalt im Fußball. Die Ultra-Fanszene

GRIN Verlag

Bibliografische Information der Deutschen Nationalbibliothek:

Die Deutsche Bibliothek verzeichnet diese Publikation in der Deutschen National-
bibliografie; detaillierte bibliografische Daten sind im Internet über http://dnb.d-
nb.de/ abrufbar.

Impressum:

Copyright © 2006 GRIN Verlag GmbH
Druck und Bindung: Books on Demand GmbH, Norderstedt Germany
ISBN: 978-3-640-11806-9

Dieses Buch bei GRIN:

http://www.grin.com/de/e-book/64496/aggression-und-gewalt-im-fussball-die-ultra-
fanszene

GRIN - Your knowledge has value

Der GRIN Verlag publiziert seit 1998 wissenschaftliche Arbeiten von Studenten, Hochschullehrern und anderen Akademikern als eBook und gedrucktes Buch. Die Verlagswebsite www.grin.com ist die ideale Plattform zur Veröffentlichung von Hausarbeiten, Abschlussarbeiten, wissenschaftlichen Aufsätzen, Dissertationen und Fachbüchern.

Besuchen Sie uns im Internet:

http://www.grin.com/

http://www.facebook.com/grincom

http://www.twitter.com/grin_com

Evangelische Hochschule für Soziale Arbeit
Dresden
(FH)

Referat

Gewalt und Fußball

–

Die Ultra-Fanszene

vorgelegt von:
Eric Schley

WS 2006/2007

Seminar:

Aggression und Gewalt 3.1.3

Abgabedatum:

24. November 2011

Vorwort

Im Rahmen des Seminars „Aggression und Gewalt" haben wir uns als Projektgruppe das Thema „Gewalt im Fußball" ausgesucht und ein Referat dazu gehalten. Die vorliegende schriftliche Ausarbeitung befasst sich mit dem von mir gehaltenen Referatsteil „Gewalt und Fußball – Die Ultra-Fanszene". Ich habe versucht mich mit einer spezifischen Fangruppe, den Ultras, unter dem Aspekt Aggression und Gewalt auseinanderzusetzen. Diese Fangruppe stellt in zweierlei Sicht eine junge Fanszene in deutschen Stadien dar.

Um zu verstehen warum Aggression und Gewalt von dieser Fanszene ausgeht habe ich einen umfassenden Blick auf diese Jugendkultur gelegt. Im zweiten Teil habe ich mich mit Aggressionsmotiven auseinandergesetzt und versucht Lösungsansätze zu erläutern. Um den Rahmen nicht zu sprengen, konnte ich mich mit dem Problem Rassismus und Rechtsextremismus nur am Rande auseinandersetzen. Ich habe es jedoch für wichtig gehalten zu thematisieren, nicht nur weil im Zusammenhang mit Gewalt im Stadion auch Rassismus und Rechtsextremismus behandelt werden.

Beim Studium der vorhandenen Literatur zum Thema Ultras und Gewalt war es mir kaum möglich unterschiedliche Autoren zu finden. Ein Großteil der Erkenntnisse geht auf die wissenschaftliche Arbeit des Prof. Gunter A. Pilz zurück. Einen Großteil der Recherche habe ich im Internet, in unterschiedlichen Internetforen der Ultraszene, durchgeführt.

Inhaltsverzeichnis

1 Ultras – Die Stimmungsmacher in der Kurve

1.1 Entstehungsgeschichte

Die Ultra-Fankultur ist in Deutschland eine recht junge Bewegung. Erst seit Beginn der neunziger Jahre sind Ultra-Fangruppen in deutschen Fußballstadien zu beobachten. Die Ultra-Kultur entstand sehr viel früher, in den sechziger Jahren, in Italien. Damals organisierten sich jugendliche Fußballfans zu Gruppen, um gemeinsam ihren Verein zu unterstützen. Den Namen Ultrabewegung geht auf ein Fußballspiel des AC Turin zurück. Damals waren jugendliche Fans des AC Turin mit der Entscheidung des Schiedsrichters nicht einverstanden und verfolgten den Parteilosen bis zum Flughafen. Eine italienische Sportzeitung berichtete über diese Verfolgungsjagd und konnte das Verhalten der Fans nur als „ultra" bezeichnen. Daraufhin war der Name für diese „ultra"-begeisterten Fußballfans geboren. Diese Ultra-Fans unterschieden sich durch ihre Kleidung (Balkenschals, Aufnäher) und ihr Auftreten im Stadion von herkömmlichen Fans. Eingeübte Sprechchöre und Gesänge, Trommeln und ein Fahnenmeer dominierten bald die Stimmung im Stadion. Man ging als Ultra-Fan nicht allein oder als kleine Gruppe ins Stadion um das Spiel zu sehen, sondern traf sich mit hunderten gleich gesinnten Fans immer im gleichen Zuschauerblock. Die jeweilige Ultragruppe organisierte Busse für Auswärtsspiele und bereitete aufwendige Choreografien und Blockbanner vor die zu beginn des Spieles die gegnerischen Fans beeindrucken sollen.

In den darauffolgenden Jahren vollzog sich in Italien ein Boom in der Ultraszene. Es entstanden Ultragruppierungen mit mehr als 10000 Mitgliedern. Für Italien besonders zu erwähnen, ist die zum Teil politische Ausrichtung der Ultragruppen. Eine der bekanntesten und umstrittensten rechtsextremen Ultralgruppen ist die *Irriducibili Lazio* des Fußballvereins Lazio Rom. Diese Gruppierung fällt immer wieder durch ihre rechtsextremistischen Choreografien im Stadion auf. Es gibt aber auch linke Ultragruppen wie die *Brigate Rossonere* des AC Mailand. In Italien haben die großen Ultragruppen auch entsprechenden Einfluss auf die Vereinspolitik. Insbesondere rechtsextremistische Ultragruppen haben in der Vergangenheit den Transfer von schwarzen Spielern in ihren Verein verhindert.

In den achtziger Jahren verbreitete sich die Ultrakultur in ganz Europa. Bis auf die britische Insel, wo sie bis heute nicht Fuß fassen konnte (vgl. *Leischwitz* 2006, 45).

1.2 Die Ultrafanszene in Deutschland

1.2.1. Entstehung und Selbstverständnis einer Jugendkultur

Das Aufkommen der Ultrafankultur in Deutschland, Anfang der neunziger Jahre, trifft zusammen mit dem Niedergang der Kuttenfankultur, einer Adaption der typisch britischen Fankultur. Der Kuttenfan, gut zu erkennen an seiner Kleidung, war in den siebziger und achtziger Jahren Sinnbild des eingefleischten und leidenschaftlichen Fans. Typisch für die Bekleidung ist das Vereinsemblem auf der Rückseite der Jeansjacke und mehre Fanschals um den Unterarm geknotet. „Der so genannte „Kuttenträger" war eine spezielle deutsche Form dieses Proll-Fans" (*Leischwitz* 2006, 45).

Die ersten Ultragruppen waren die 1986 gegründeten Fortuna Eagles (Fortuna Köln), 1990 gefolgt von Madness Leverkusen (Bayer Leverkusen, seit 1994 als Mad Boyz). 1994 gründeten sich die Ultras Nürnberg (1.FC Nürnberg), 1995 dann die Binding Szene (Eintracht Frankfurt), Blaue Bomber Stuttgart (Stuttgarter Kickers), Promillos Ultras (SC Freiburg) und Boys Bielefeld (Arminia Bielefeld). Heute gibt es kaum einen Fußballverein, der ersten, zweiten und dritten Liga, der keine Ultragruppe in seinem Vereinsumfeld hat.

Was unterscheidet eigentlich diese recht junge Fanszene von den Kuttenfans und was ist das charakteristische an einem Ultrafan? Zu Beginn möchte aus dem Selbstverständnis einer größeren Ultragruppe zitieren. Es handelt sich um die Wilde Horde, einer Ultragruppe von Fans des 1. FC Köln:

> „Die WILDE HORDE ist ein überregionaler Zusammenschluss aktiver FC-Fans. Sie hat es sich zum Ziel gesetzt die Atmosphäre bei FC-Spielen rundum optisch & akustisch aufzubessern, für einen besseren Zusammenhalt innerhalb der Fan-Szene zu sorgen bzw. das „Wir"-Gefühl zu stärken & möglichst viele Leute in einer Gruppe zusammenzuführen. […] Auf der anderen Seite steht die akustische Unterstützung. Mit neuen, lautstarken & kreativen Gesängen & Schlachtrufen unterstützen wir unsere Mannschaft, wo auch immer sie auftritt. […] JEDER kann in der WH mitmachen (auch wenn er schon in einem anderen Fan-Club Mitglied

ist), der bereit ist, den FC zu unterstützen! […] Unsere Hauptintention ist der FC und die Fan- Szene. Diese soll uneingeschränkt und konform hinter dem Verein stehen. Wir versuchen einen Anfang zu machen und hoffen weiterhin auf positive Resonanz zu stoßen. Wir möchten noch mal ausdrücklich darauf hinweisen, dass wir uns von Gewalt und Randalismus distanzieren. Die Gruppe ist definitiv unpolitisch (*Wilde Horde* 2006)".

Dem Ultrafan geht es um die „(Wieder) Herstellung der traditionellen Stimmung und Atmosphäre im Stadion" (*Pilz* 2006, 60). Er unterstützt mit aller Kraft, immer und überall seine Mannschaft. Im Gegensatz zum Kuttenfan kommt der Ultrafan aus dem Bildungsbürgertum und ist sehr jung, ist Schüler oder Student (vgl. *Pilz* in *Leischwitz* 2006, 45). Der Ultra sieht sich als Teil einer großen Gruppe, wo enge, freundschaftliche Beziehungen gelebt werden. Der Erfolg der Performance (Choreografie, Fahnenmeer, Gesänge) im Stadion und die daraus resultierende Stimmung spielt eine Hauptrolle im Leben eines Ultras.

Der Ultrafan ist ein besonders leidenschaftlicher, treuer, engagierter, kreativer und durchgedrehter Fan. So lebt er sein Hobby nicht nur am Wochenende im Stadion aus, sondern auch in der Woche. Er versucht seine Mannschaft überall hin zu begleiten. Zu allen Auswärtsspielen, ins Trainingslager und zu Freundschaftsspielen. Für einen Ultrafan ist der Erfolg des Spiels oder die momentane Position in der Liga nicht alles. Wichtig ist ihm die Unterstützung der Mannschaft vor, während und nach dem Spiel. Es ist für ihn die wichtigste Nebensache der Welt. Ultra zu sein ist eine Lebenseinstellung. *Gunter A. Pilz* spricht von der einen Ultra-Identität, der sich alles andere, Familie, Schule, Beruf unterzuordnen haben oder Teil dieser Leidenschaft werden muss. Dies ist auch nicht verwunderlich, betrachtet man die zum Teil sehr aufwendig vorbereiteten Choreografien. Die Vorbereitungen benötigen viel Zeit und Geld, welches Ultrafans bereit sind zu investieren um im Stadion sich als Fans ihres Vereins darzustellen.

Man kann von der Ultraszene als Jugendkultur sprechen. Das Durchschnittsalter liegt bei 17-18 Jahren. Die meisten Ultras waren in ihrer Anfangszeit selber Kuttenfans und trugen die Vereinsfarben übertrieben zur Schau. Der Ultrafan trägt, ähnlich dem Hooligan, Markenkleidung von Szeneausstattern (Hooligan, PitBull, Umbro, Troublemaker), meist Polo-Shirts oder Kapuzen-Sweat-Shirts mit szenetypischen Symbolen. Im Unterschied zum Hooligan, zeigt der Ultra durch das tragen eines Balkenschals (Fan-Schal) seine Fanzugehörigkeit (*Pilz* 2006a, 1).

Die Ultragruppen sehen sich als harten und kreativen Kern der Vereinsfanszene aber waren Distanz zum Verein selber. Sie sind stolz auf ihre Unabhängigkeit vom Verein. Dazu die Wilden Horden:

> „Die WILDE HORDE hat es geschafft, sich finanziell vom Verein zu lösen, womit ein großes Ziel - die finanziell Unabhängigkeit- erreicht ist. Einen wichtigen Anteil haben die Mitgliedsbeiträge in Höhe von 10/20 €. Diese Beiträge dienen zur Finanzierung unserer Aktionen bei Heim-, sowie Auswärtsspielen" (*Wilde Horden* 2006).

Ultragruppen, die bis zu mehreren hundert Mitglieder zählen, sind nicht nur finanziell unabhängig vom Fußballverein, sondern besitzen eine eigene Gruppenidentität die sich im Namen, in eigenen Logos, Symbolen und Ritualen wiederfinden. „Ultras lieben zwar ihren Verein, [...] doch sie brauchen den Verein alleine nicht für ihre Identität. Vielmehr stiften die Ultragruppen selbst die Fan-Identitäten" (*Pilz* 2006c, 2).

Eine Ultragruppe ist nicht klassisch wie ein Verein, mit Satzung und Mitgliederversammlung organisiert, sondern speist sich aus verschiedenen Personenkreisen, die mehr oder weniger Verantwortung in der Gruppe übernehmen. Jeder kann Mitglied werden. Ein Personenkreis denkt sich neue Choreografien aus und stellt sie her. Eine andere Gruppe kümmert sich um die Internetseite oder/und das Fanzine. Wiederum andere organisieren die Finanzen und die Herstellung von Fanartikeln und sind für die Organisation der Auswärtsfahrten verantwortlich.

Im Unterschied zu Italien sehen sich nur wenige Ultragruppen selber als politisch an. Dennoch gibt es auch in Deutschland offen rassistisch und rechtsextreme Gruppen. Das Thema Rassismus/Rechtsextremismus in der Ultraszene möchte ich an anderer Stelle anschneiden.

1.2.2. Räume kreativ gestalten – Räume aneignen

Warum sind Ultragruppen so attraktiv für Jugendliche? Laut, wild, kreativ und provokant sind Ultragruppen im Stadion. Was macht diese so anziehend?

Um dies zu beantworten, möchte ich mich mit der Bedeutung des Raums auseinandersetzen. Heute finden Jugendliche in ihrem Lebensraum kaum noch

Räume vor, die nicht von der Erwachsenwelt bereits besetzt, gestaltet und angeeignet sind. Räume die reine Arbeits-, Konsum- und Kontrollräume sind. Für den sowjetischen Psychologen Alexejew Leontjew ist die Raumaneignung eine tätige Auseinandersetzung des handelnden Subjekts mit der Umwelt, die bereits wesentlich durch menschliche Tätigkeiten geschaffen oder verändert wurde. Klaus Holzkamp hat das Konzept von Leontjew weiterentwickelt. Für ihn steht außer Frage, dass eine erfolgreiche Raumaneignung zu einem Kompetenzzuwachs bei Jugendlichen führen kann. Für Holzkamp ist Aneignung eine kreative Gestaltung von Räumen und Symbolen. Sie ist Inszenierung im öffentlichen Raum und Veränderung vorgegebener Situationen und Arrangements. Es gibt nur wenige Räume, die Jugendliche kreativ gestalten und somit für sich aneignen können. Einer dieser Räume ist das Fußballstadion, die Fankurve.

Für Ulrich Deinet ist die aktive Erschließung der Lebenswelt, durch Jugendliche, ein schöpferischer Prozess. Die Raumaneigung stellt somit einen Gegenentwurf zum Konstrukt der „gefährlichen" Straße dar.

> „"Herumhängen, Blödeln, Action machen" beschreibt sicher nur einige Qualitäten, die öffentliche Räume für Jugendliche attraktiv machen. Aber bereits damit wird deutlich: gegenüber dem verbreiteten Konstrukt der „gefährlichen" Straßen hat eine sozialräumliche Jugendarbeit eine ganz andere Sicht auf die Qualitäten von Räumen. Überspitzt könnte man sagen: Prävention bedeutet, den öffentlichen Raum zum „Herumhängen..." zurückzugewinnen und nicht nur, ihn „sicherer" zu machen" (*Deinet* 2002, 42).

Das Stadion, die Fankurve stellt also einen alternativen Raum dar, der schöpferisch gestaltet werden kann. Hierzu möchte ich *Gunter A. Pilz* zitieren: „Wo die meisten Menschen hinkommen, ist meist schon alles fertig, organisiert, wirklich nicht mehr beeinflussbar, sind sie von Vorschriften, Verordnungen oder gesetzlichen Normen umgeben, die ihre Handlungsmöglichkeiten, ihren Spielraum erheblich einengen. [...] Dem Fußballstadion kommt deshalb eine wichtige Rolle im Sinne der Kompensation zu" (*Pilz* 2006a, 5).

Der besagte Raum ist für die Ultragruppe die Fankurve, meist der Teil der Tribüne der reiner Stehblock ist. Jede Ultragruppe hat ihren Block in der Kurve. Es ist die Heimat für 90 Minuten. Hier findet die aktive Raumaneignung durch kreative Gestaltung statt. Es geht familiär im Block zu, man kennt sich und hat häufig einen Stammstehplatz. Jede Ultragruppe hat einen oder mehrere Capos, die den Block per Megaphon instruieren und Vorsänger sind. Sie sitzen meist auf den Zäunen am Spielfeld. Kurz vor Beginn der Spielzeit, beim Einzug der Mannschaften, wird die vorbereitet Choreografie aufgeführt. Je nach Größe der Gruppe kommen entweder riesige Überziehfahnen zum Einsatz, die einmalig in wochenlanger Arbeit vorbereitet wurden, oder Bewegungschoreografien werden aufgeführt. Während des Spiels ist es das Ziel mit Gesängen, Doppelhaltertransparenten und einem Meer aus Fahnen die Stimmung aufrecht zu halten oder weiter zu entfachen. Der Einsatz von Bengalischen Feuern, Rauchbomben und Feuerwerkskörpern ist in der Bundesliga streng verboten und wird durch Sicherheitskonzepte großer Fußballarenen unterbunden. In den unteren Ligen ist das Bengalische Feuer etc. Teil der Choreografien der Ultragruppen und kann nur schwer unterbunden werden.

Hier treffen die Bedürfnisse der Ultras, nach Atmosphäre, Stimmung und Emotionalität auf die Stadienordnungen und damit auf Reglementierung, Verbot und Beschneidung des Freiraums. Die Konfliktlinie ist entscheidend für die Entfesselung von Gewalt.

1.2.3. Wofür und Wogegen stehen Ultras

Ziel der Ultras ist es die Stimmung im Stadion zu verbessern und sich für den Erhalt der traditionellen Fußballkultur einzusetzen. Durch die Kommerzialisierung des Profifußballs sehen die Ultras dieses Anliegen gefährdet.

> „Im Zeitalter der „Eventisierung" des Fußballs verstehen sich Ultras als kritischen Gegenpol, kämpfen für den Erhalt der traditionellen Fankultur, für Stehplatzkurven, für mehr Mitspracherecht im Verein oder gegen Stadionverbote und zu viel Polizeieinsatz" (*Pilz* 2006c, 3).

Durch den Verkauf des Fußballs als „Event" an Sponsoren und die Medien ist für den durchgeknallten, extrovertierten Ultrafan kein Platz. Es wird der gezähmte Fan gewünscht, der seine Stimmung moderat zum Ausdruck bringt. Auch wenn es die Ultraszene so nicht gibt (vgl. *Pilz* 2006c, 1), sind sich alle einig das etwas gegen diese Entwicklung unternommen werden muss. Das Engagement der Ultragruppen, aber auch unterschiedlicher Fanprojekte z.B. B.A.F.F. – dem Bündnis aktiver Fußballfans – ist es zu verdanken, dass die meisten 1. Ligaspiele wieder Samstag ausgetragen werden. Hintergrund war die Zerstückelung der Spiele auf Freitag-Sonntag um höhere Einschaltquoten für die Übertragung zu erreichen. Einige 1. Ligavereine, wie Schalke 04, bauen in ihren neuen Fußballarenen zunehmend mehr Blöcke zu reinen Stehplatztribünen um. Hier wurden die Wünsche der Fans gehört.

Neben der Kritik an der Kommerzialisierung des Fußballs wenden sich Ultragruppen gegen die Kriminalisierung ihres Gleichens durch Polizei, aber auch Vereinsfunktionäre und Medien. Die Ultraszene wehrt sich gegen das Stigma angeblich gewalttätig zu sein oder sogar mit Hooligans verglichen zu werden. Hierzu die Ultragruppe um den 1. FC Dynamo Dresden:

> „Kritik gibt es in letzter Zeit aber öfter von Internetschreiberlingen und auch neuerlichen Erfolgsfans, die uns gerne für Randale der letzten Zeit alleinverantwortlich machen wollen und auch den kleinsten Ärger mit Polizei oder sonst wem an uns fest machen und uns vereinsschädigendes Verhalten vorwerfen und letztendlich eine "saubere" Fankultur wollen. Sicher sind wir nicht alle gerade die Unschuldslämmer, jedoch lassen wir uns nicht pauschalisieren." (*Ultras Dynamo* 2006)

Besonders kritisiert werden Polizei und Ordnungsdienste für ihr unverhältnismäßiges und willkürliches Handeln. Besonders bei Auswärtsspielen müssen Gästefans Repressionen durch die Polizei erfahren. Das plötzliche Verbot die vorbereiteten Doppelhalter, Spruchbänder oder Fahnen mit ins Stadion zu nehmen führt bei Ultrafans, deren Ziel es ist die eigene Mannschaft sichtbar zu unterstützen, zu Frustration. Hier möchte ich aus dem Ultramanifest zitieren. Es handel sich um eine Art Grundsatzerklärung der Ultragruppen:

> „In ein paar Jahren wird selbst der Rasen in den Stadien mit Sponsorenwerbung verunstaltet werden und Choreografien werden verboten, […] Es werden hunderte Ordner in den Blöcken stehen, die Fans werden im ganzen Stadionbereich von Videokameras aufgenommen, um zu verhindern, dass große Fahnen, Transparente oder Feuerwerkskörper ins Stadion gelangen können. […] Diese Menschen verstehen nicht, dass Fußball unser Leben ist, dass wir für unseren Verein leben, dass wir unsere Schals und unsere Kleidung tragen, die unsere Stadt oder Region repräsentiert" (*Pilz* 2006, 64).

Zusammenfassend kann man sagen, dass Ultragruppen politisch sind, entgegen der meisten Selbstdarstellungen der Ultragruppen, jedoch nicht im Sinne von Parteipolitik. „Zeitalter der „Eventisierung" des Fußballs verstehen sich Ultras als kritischen Gegenpol, kämpfen für den Erhalt der traditionellen Fankultur, für Stehplatzkurven, für mehr Mitspracherecht im Verein oder gegen Stadienverbote und zu viel Polizeieinsatz" (*Pilz* 2006c, 3). Es gibt nicht die Ultraszene. Ultragruppen sehen sich ihrer Mannschaft verpflichtet und auch wenn sie sich untereinander vernetzten und austauschen. Es gibt ein Konkurrenzkampf um die aufwendigste Choreografie und die beste Unterstützung.

2 Gewalt in der Ultraszene

Die Ultras in Deutschland sind prinzipiell eine gewaltlose Fangruppe. „Sie tragen ihren ritualisierten Kampf mit gegnerischen Fans in den Kurven, im Internet oder bei der Anreise verbal und optisch aus" (*Pilz* 2006c, 3). Dennoch kommt es in den letzten Jahren immer wieder zu Gewaltausbrüchen im oder im Umfeld des Stadions, meistens in unteren Spielklassen, woran auch ein Teil der Ultrafans aktiv beteiligt sind. Es muss jedoch gesagt werden, dass es Gewalt immer schon im Zusammenhang mit Fußball gab, heute sind die Gewalttäter viel jünger und brutaler.Welche Ursachen hat das Ausbrechen von derartigen Aggressionen bei einem Teil dieser eigentlich gewaltlosen Gruppe?

Zur Erklärung von Aggression und Gewalt möchte ich festhalten, dass es keine umfassende Definition gibt. Generell kann man sagen: „Aggressives Verhalten intendiert definitionsgemäß die Schädigung oder Verletzung eines anderen und sendet somit einen massiv negativen Beziehungsaspekt aus (Herabsetzung, Unterwerfung usw.)" (*Nolting* 1997, 141). Zur Erklärung sieht das Mehrebenen-Modell unterschiedliche Faktoren und Prozesse beteiligt die zu aggressiven und gewalttätigen Verhalten führen können. Sowohl ein biologisch programmiertes Aggressionspotenzial, welches bei Stresssituationen, Desorientierung und Emotionalität aktiviert wird, als auch psychologische Mechanismen in den persönliche Dispositionen die Wahrnehmung und emotionales Erleben von gesellschaftlichen und kulturellen Codierungen und Lösung von Konflikten, ein aggressives Verhalten bedingen und motivieren (vgl. *Wahl* 2001, 733). Gewalt wird in der deutschen Sprache als besonders schwere Form der Aggression bezeichnet. Ich möchte im folgenden Gewalt in physische und strukturelle Gewalt unterscheiden.

Man kann zwei Grundtypen von Aggression unterscheiden. Das ist zum einen die Affektive Aggression. Sie basiert auf emotionalen Reaktionen wie Ärger, Wut oder Frust, welche durch Schädigungen und Schmerzzufügung eine Befriedigung erlangt. Es handel sich also um ein Aggressionsbedürfnis. Die andere Form ist die Instrumentelle Aggression. Sie richtet sich auf einen Nutzeffekt, wie die Durchsetzung eines Ziels. Schädigungen sind Mittel zum Zweck (vgl. *Nolting* 1997, 148).

Generell muss man feststellen, dass es ein gemeinsames, ultragruppenübergreifendes Feindbild gibt, die Polizei. Sie ist es, die in letzter Instanz reglementierend, in den Freiraum der Ultras eingreift und ihn einengt. Hier übt Polizei sowohl physische Gewalt aus als auch strukturelle Gewalt z.B. Taschenkontrollen, Beschlagnahmungen oder erteilen und durchsetzten von Platz- und Stadienverbote. Ultras „fühlen sich […] schon bei der Präsenz von Polizei bedroht, provoziert und geraten in eine aggressive Stimmung" (*Pilz* 2006c, 4). In den letzten Jahren hat sich in der Ultraszene eine Minderheit gebildet, die sich zu Gewalt bekennt oder zumindest bereit ist Gewalt anzuwenden. Bei der einen Gruppe vermischen sich die Grenzen zum Hooliganismus, weshalb sie heute auch als Hooltras bezeichnet werden und von der Polizei in die C-Kategorie eingeordnet werden. Eine weitere Gruppe möchte ich als gewaltbereit benennen, Menschen die als B-Kategorie-Fans kategorisiert werden. Diese werden unter spezifischen Gruppendynamischen Prozessen gewalttätig oder provozieren Gewalt.

Bei der Gruppe der Hooltras ist das Motiv Gewalt anzuwenden vergleichbar mit dem der Hooligans. Gewalt „kann als affektive, expressive und lustvoll betonte Form oder als Mittel zur Schaffung von positiver Identität, Stärkung des Selbstbewusstseins interpretiert werden" (*Pilz* 2006c, 3). Diese Schaffung einer positiven Identität findet sich auch in der Selbstdarstellung einer Frankfurter Ultragruppe wieder, die sich offen zu Gewalt als Lebensinhalt bekennt:

> „Wenn man von der Verteidigung und Erhaltung seiner Freiräume spricht, muss man zwangsläufig etwas zum Thema Gewalt sagen. […] Für uns bedeutet Ultra auch, sich nicht nur auf die Hassgesänge während der 90 Minuten im Stadion zu beschränken, sondern dieses Leben 24 Stunden am Tag / 7 Tage in der Woche zu leben (…) Wir distanzieren uns nicht grundsätzlich von Gewalt" (*Pilz* 2006, 66).

Im Unterschied zum Hooliganismus fehlt den Hooltras die ritualisierte Form der Gewalt wie sie von Hooligans in ihrem Codex beschrieben wird und für alle verbindlich ist. Hooltras sind somit vom Gewaltverhalten her Hooligans, die sich jedoch den Zielen der Ultras verpflichtet sehen und diese mit Gewalt, als für sie legitimes Mittel, durch setzten wollen.

Die andere Gruppe, die gewaltbereiten Ultras, wendet Gewalt nur unter bestimmten Situationen an. Hier ist jedoch zu beachten, dass nicht jede aggressive Verhaltensform einer bestimmten Art zugeordnet werden kann. Es hängt häufig von der Motivation des aggressiven Verhaltens ab.

So kann das Abfeuern eines Leuchtkörpers eine Provokation darstellen aber auch den Abbruch des Spiels bezwecken, aufgrund von Frustration und Wut über die Entscheidung des Schiedsrichters. Im Folgenden möchte ich verschiedene Arten von Aggressionsmotivationen vorstellen und mit Beispielen verdeutlichen.

Die vielleicht harmloseste Variante ist der Fahnen- und Schalklau bei gegnerischen Fans. Diese Form der Gewaltanwendung wird von den Betreffenden als Ritual verstanden, ähnlich dem Fahnenklau im Zeltlager. Hier liegt eine sogenannte Erlangungs-Aggression zugrunde. Hiebei versuchen die Fans des einen Vereins durch aggressives Verhalten etwas zu erlangen was sie verlangen, in diesem Fall einen Schal als Trophäe, welcher später im eigenen Fanblock verbrannt wird (vgl. *Nolting* 1997, 158). Diese Form ist eine instrumentelle Aggression, da es um das Erlangen eines Vorteils geht. In diesem Fall um Ruhm und Anerkennung. Gewalt und das zufügen von Schädigungen werden als Mittel zum Zweck eingesetzt. Auch Schlägereien zwischen Fangruppen können in diese Kategorien fallen, wenn es um die Anerkennung und Beachtung in der Szene geht. Auch Provokationen gegenüber der Polizei (Feuerwerkskörper) können als Erlangungs-Aggression gewertet werden, wenn es um Anerkennung in der Ultraszene geht.

Häufig kommt es vor oder nach dem Spiel zu gewalttätigen Auseinandersetzungen mit der Polizei. Die beteiligten Fans sehen sich häufig durch das Verhalten der Polizei willkürlichen Repressionen ausgesetzt, die ihren Freiraum als Fußballfan einschränkt. Sie fühlen sich der strukturellen Gewalt durch staatliche Institutionen ausgesetzt. Wenn ihnen z.B. am Stadion die Fahne oder das Transparent abgenommen wird oder sie wie Schwerverbrecher behandelt werden. Das gewalttätige Verhalten ist in einer Vergeltungs-Aggression zu finden, also reaktiv auf das Verhalten dritter. „Sie ist eine zielgerichtete Antwort auf Provokationen wie z.B. „schlechte Behandlung" oder Kränkung" (*Nolting* 1997, 154). Es ist eine aus Ärger, Hass oder Frust entstandene Aggression, also affektiv, die durch Schadenszufügung befriedigt wird. Es soll das eigene Selbstwertgefühl wieder herstellen und in gewisser Weise auch dem Aggressor Gerechtigkeit verschaffen. Die Vergeltungs-

Aggression kann auch als Erklärung für Aggression und physische Gewalt gegen Schiedsrichter (Flaschenwurf) angewendet werden. Hier fühlt sich der Fan persönlich ungerecht behandelt durch eine Entscheidung des Unparteiischen. Er versucht seinen Ärger und Frust durch Schmerzzufügung innere Befriedigung zu verschaffen. Gewalttätige Ausschreitungen können aber auch in einer Abwehr-Aggression zu finden sein. Hier versteht der Ultrafan die staatlichen Repressionen als Angriff auf seinen Freiraum, als Angriff gegen seine Person und seine Lebenseinstellung.

> „Wenn man schlechte Zukunftsperspektiven sieht, dann kann man sich über Gewalt, über seinen Körper (…) Selbstwertgefühle verschaffen. Respektive, wenn wir bei den Ultras einen kleinen Teil sehen, der sich nun zur Gewalt bekennt, dann hat das auch etwas damit zu tun, dass diese sich permanent Repressionen ausgesetzt sehen und sich nun zur Wehr setzten." (*Pilz* 2006d, 2)

„Aggressives Verhalten, das zur Abwehr eingesetzt wird, ist primär „instrumentell". Denn ob jemand nun seinen Körper, sein Eigentum oder seine Seelenruhe schützen will – die Abwendung der Bedrohung oder Belästigung bzw. der Schutz der eigenen Person […] ist das eigentliche Ziel der Abwehr-Aggression" (*Nolting* 1997, 156). Hier ist Schadenszufügung ein Mittel zum Zweck, wenn die Polizei z.B. bestimmte ultratypischen Handlungen (Bengalisches Feuer, Rauchbomben) mit Gewalt zu unterbinden oder zu verhindern versucht. Die Abwehr-Aggression ist somit reaktiv.

Ich möchte mit diesen Erklärungen keinesfalls gewalttätiges Verhalten rechtfertigen oder gutheißen. Es geht mir um die Erklärung warum die Täter dieses aggressive Verhalten an den Tag legen. Für eine erfolgreiche Lösungsstrategie ist dies die Grundlage.In den Stadien der Ostfußballvereine kommt Gewalt sehr viel häufiger vor als in Stadien der westlichen Bundesländer. Nach einer Studie von *Gunter A. Pilz* unter deutschen Ultrafans aus West und Ost, antworteten auf die Frage „Es gibt Konflikte die kann man nur mit Gewalt lösen." mit Ja 35,3% Ost-Ultras und 21,1 der West-Ultras. Die Aussage „Leider mischen sich in unseren Ultrablock auf gewaltbereite Hooligans." Verneinten 25,7% der Ost-Ultras und 39,4% der West-Ultras (vgl. *Pilz* 2006e, 56). Grund hierfür sind zum einen die geringeren Sicherheitsmaßnahmen in den Stadien, da die meisten Vereine in den unteren

Spielklassen spielen und moderne Stadien selten sind. Zum anderen, so Gunter A. Pilz, liegt es an den Lebenswelten und Zukunftsperspektiven der Fans (vgl. *Pilz* 2006c, 4). Auch präventive Maßnahmen zur Gewaltverhinderung, wie Fanprojektarbeit, sind deutlich unterentwickelter als in Westdeutschland, wo man seit 20 Jahren positive Erfahrungen machen konnte.

Was für alle Formen der Aggression gilt ist, dass die jeweilige Motivation, Abwehr, Frust, Hass und Suche nach Anerkennung nicht zeitlich unmittelbar auf die jeweilige Situation entstehen müssen, sondern auch in einem längeren Prozess entstanden sind. So können, aus Sicht der Gewalttäter, ungerechtfertigte und willkürliche Interventionen der Polizei, zum Beispiel, vor Monaten stattgefunden haben, aber die Aggressionshandlung als Reaktion in der Gegenwart stattfinden. Auch ist die gruppendynamische Komponente und der Einfluss von Alkohol nicht zu unterschätzen. Durch Alkohol verstärkte Aggressionsgründe (Hass, Frust, Vergeltung) in Verbindung mit dem Sicherheits- und Machtgefühl einer Gruppe, unterstützen Gewaltausbrüche.

3 Rassismus und Rechtsextremismus unter Ultras

Die Ultraszene stellt zwar häufig den lautesten und dominantesten Teil der Fankultur dar, dennoch ist sie nur ein kleiner Teil aller Stadionbesucher. Auch die Ultraszene, so heterogen sie auch ist, hat ein zunehmendes Problem mit Rassismus und Rechtsextremismus. Rassistische und rechtsextremistische Vorfälle im Umfeld des Fußballs werden seit Jahren beobachtet. *Gunter A. Pilz* hat im Rahmen einer Teilstudie „Rassismus, Fremdenfeindlichkeit und Rechtsextremismus im Zuschauerverhalten und Entwicklungen von Gegenstrategien" festgestellt, das in den letzten Jahren in fast allen Bundesligavereinen sichtbares und hörbares rassistisches und rechtsextremes Verhalten zurückgegangen ist. Im Gegenzug nahmen die Vorfälle in den unteren Spielklassen zu. Grund hierfür sind das Fehlen von Fanprojekten, welche sich um problematische Fans kümmern bzw. Gegenstrategien organisieren und sich klar gegen Rassismus positionieren; „der geringe Druck durch die Medien und Öffentlichkeit, der dazu führt, dass entsprechende Vorfälle oft nicht publik werden" (*Pilz* 2006c, 12) und sich der Gefahr niemand annimmt. Weiterhin kann beobachtet werden, dass der Rassismus und Rechtsextremismus weniger offen und häufiger subtiler und verdeckter, z.B. durch Codierungen und Symbole, kommuniziert wird.

4 Lösungsansätze

Ich möchte im Folgenden einige Lösungsansätze erläutern die zum Teil jahrelange Erfolge vorweisen. Die Lösungsansätze sollen sowohl Gewalt zurückdrängen als auch Rassismus und Rechtsextremismus im Stadion und in der Gesellschaft verbannen. Zu erst möchte ich mich mit Lösungsstrategien aus Sicht der Ordnugspolizeilichen Perspektive auseinandersetzen. Um Gewalt zu verhindern wird in der Regel ein massives und aus finanzieller Betrachtung unverhältnismäßiges Polizeiaufgebot zu Fußballspielen, vor allem der unteren Spielklassen, eingesetzt. 1500 Polizisten im Einsatz für ein Regionalligaspiel zwischen Union Berlin und dem 1. FC Dynamo Dresden machen das Problem sehr deutlich.

Weiterhin werden Stadien- und Platzverbote an verdächtige Personen ausgesprochen, um sie vom Fußball fernzuhalten. Das Problem liegt häufig an der pauschalen und zu schnellen Vergabe von Stadien- und Platzverboten. So kann leicht aggressives Verhalten, Beschimpfungen gegen die Polizei oder die Tatsache zur Falschen Zeit am falschen Ort zu sein, schnell zu einem Stadionverbot führen, ohne einen Anlass zu einer so harten Bestrafung gegeben zu haben. Hier wehren sich seit einiger Zeit Fanprojekte z.B. B.A.F.F. gegen diese zu schnelle und pauschale Strafmaßnahme. Denn was gibt es schlimmeres für einen Fan, als ein Stadienverbot für ein Jahr. Es müssen also andere Lösungen gefunden werden, die sich mit dem Problem Gewalt und ihrer Ursachen auseinandersetzen und sich nicht nur reaktiv mit dem Eindämmen beschäftigen.

Gunter A. Pilz plädiert für ein ausgewogenes Konzept bestehend aus präventiven und repressiven Maßnahmen. Zum einen ist es wichtig die Selbstregulierungsprozesse in der Ultraszene zu unterstützen. Die Gewalttäter in der Ultraszene stellen eine Minderheit, hier müssen die friedlichen Ultrafans unterstützt werden, die sich gegen jegliche Gewalt aussprechen. Gleichzeitig muss der Ultraszene ihren Freiraum zugesichert werden. Das heißt, unsinnige Verbote zur Mitführung von großen Fahnenstangen und Transparenten müssen aufgehoben werden. Auf der anderen Seite muss sich die Ultraszene von Bengalischen Feuern, Rauchbomben und Feuerwerkskörper verabschieden, da diese häufig als Gewaltmittel eingesetzt werden. Zur Unterstützung der

Selbstregulierungsprozesse der Ultraszene müssen Fanprojekte langfristig arbeiten können.

Die Arbeit der Fanprojekte und Fanbetreuung kann gewalttätige und rassistische Tendenzen in der Szene aufspüren und Gegenstrategien vor Ort entwickeln. Es muss ein Klima in den Vereinen geschaffen werden, wo deutlich wird, das Rassisten und Gewalttäter hier nichts zu suchen haben. Dies muss auch in den Fanblöcken ankommen wo solchen Einstellungen klar das Stadientor gezeigt wird. Hier gibt es einige Projekte die zum einen Rassismus im Stadion thematisieren und gegen das Wegschauen arbeiten zum anderen Strategien aufzeigen, wie man als einfacher Fan im Verein das Thema auf die Tagesordnung bringt und den Verein zum Handeln verpflichtet. „Dem Ball is`egal wer ihn tritt" ist ein solches Projekt aus NRW welches Aufklärung mit Handlungsstrategien verknüpft.

Ultrafans, ob gewaltbereit oder friedlich, empfinden die Präsenz von Polizei häufig als Provokation oder Bedrohung. Hier muss in der Strategie der Polizei eine Änderung passieren. Die Polizei soll präsent sein, aber nicht sichtbar. Hundertschaften von Polizei am oder im Stadien erhöhen nur den Aggressionsgrad. Der Einsatz von Polizei-Konfliktmanagern und Szenekundigen-Beamten, welche dem friedlichen Fan die Situation transparent erklären können, vermeiden Bedrohungsszenarien bei friedlichen Fans. Auf der anderen Seite muss konsequent gegen Hooltras, Hooligans und Rassisten vorgegangen werden. Hier müssen ganz klar Grenzen aufgezeigt werden und die entsprechenden Personen ausgegrenzt werden. Dabei sind Solidarisierungseffekte zu vermeiden indem nicht ganze Blöcke ins Fadenkreuz der Einsatzkräfte geraten, sondern ein spezifischer Zugriff erfolgt (vgl. *Pilz* 2006e, 126ff).

Zusammenfassend möchte ich sagen, dass das Problem Gewalt aber auch Rassismus nicht allein durch ordnungspolitische Strategien bekämpft werden kann. Es müssen präventive Handlungsstrategien entwickelt werden, die im Besonderen die Vereinsfunktionäre in die Pflicht nehmen, hier etwas zu unternehmen.

5 Literaturverzeichnis

DEINET, ULRICH/KRISCH, RICHARD (2002): Der sozialräumliche Blick der Jugendarbeit. Methoden und Bausteine zur Konzeptentwicklung und Qualifizierung. 1. Auflage, Opladen: Verlag Leske + Budrich

LEISCHWITZ, CHRISTOPH (2006): Die Kurven Diskussion. In: http://fluter.de/heftpdf/issue47/artikel4913/pdf_article4913.pdf   Stand: 21.11.2006

NOLTING, HANS-PETER (1997): Lernfall Aggression. Wie sie entsteht – wie sie zu vermindern ist. Überarbeitete Neuausgabe, Reinbek bei Hamburg: Rowohlt Taschenbuch Verlag

PILZ, GUNTER A. (2006): Fußball ist unser Leben!? In: Holger Brandes, Harald Christa und Ralf Evers (Hg.): Hauptsache Fußball. Sozialwissenschaftliche Einwürfe. 1. Auflage, Gießen: Psychosozial-Verlag 49-69

PILZ, GUNTER A. (2006a): Dossier Fußball-WM 2006. Ultras und Supporter. In: http://www.bpb.de/themen/WPFOXF.html Stand: 21.11.2006

PILZ, GUNTER A. (2006b): Dossier Fußball-WM 2006. Resümee. In: http://www.bpb.de/themen/T3PCDH.html Stand: 21.11.2006

PILZ, GUNTER A. (2006c): Wandlungen des Zuschauerverhaltens im Profifußball. Kurzfassung der Studie. In: http://www.migration-boell.de/downloads/diversity/Kurzfassung_Studie-Wandlungen.pdf Stand: 21.11.2006

PILZ, GUNTER A. (2006d): Achtung Ultras. Gewalt in Fußballstadien. In: http://www.zdf.de/ZDFde/inhalt/27/0,1872,2296795,00.html   Stand: 21.11.2006

PILZ, GUNTER A. (2006e): Fans, Hooligans, Ultras. In: http://www.erz.uni-hannover.de/ifsw/daten/lit/paper/18/1/Folien%20-%20Vorlesung.pdf Stand: 21.11.2006

ULTRAS Dynamo (2006): Über uns. In: http://www.ultras-dynamo.de/ud2005/index2.html Stand: 21.11.2006

WAHL, KLAUS (2001): Gewalt und Aggression. In: Hans-Uwe Otto, Hans Thiersch (Hg.): Handbuch Sozialarbeit/Sozialpädagogik. 2. völlig überarbeitete Auflage, Neuwied und Kriftel: Luchterhand Verlag 730-734

WILDE HORDE (2006): Was will die Horde. In: http://www.wh96.de/start.htm Stand: 21.11.2006